우맨의 이야기

정 경 삼 제6시집

청옥

시인의 말

세월은 멈추어 쉬는 일 없이 잘도 갑니다.
살아가면서 읊어 보는 생각들 이런저런 생각이라도
나에게는 소중한 것이 아닌가 생각을 하면서
생각을 일구어 수놓아 왔습니다.
하얀 백지를 메워 간다는 것은
땅을 밟고 하늘을 보고 소를 돌보면서
살아가는 내 머문 흔적이기에
힘이 들어도 기쁨이 되고 보람이 되기에
포기를 모르고 글을 씁니다.

시골 농장에는 소가 가득해도 정만 주고받았지
말이 통하지 않아 외로웠나 봅니다.

그래서 소 머슴 우매는 외로움을 부끄러이
수놓아 엮어 보았습니다.

초라한 생각들을 한 권의 책으로 엮어 주신
청옥 기획 여러분께 깊은 감사를 드리고
예쁘게 꾸며 주신 편집간사님께 다시 한 번
감사의 말씀을 올립니다.
감사합니다.

2016. 11. 2 .

차 례

제1부 우맨의 이야기

우맨의 이야기 ······ 13
옛날이여 ······ 14
광복 70 ······ 15
오늘의 생각 1 ······ 16
그리워 써 보는 편지 ······ 18
내리는 비를 바라보며 ······ 20
친구 ······ 21
관세음보살 ······ 22
복 ······ 23
살자 ······ 24
심심한 김에 ······ 25
오늘의 생각 2 ······ 26
찔레꽃의 사랑 ······ 27
감사합니다 ······ 28
삶의 묘미 ······ 29
고독 ······ 30
진리 ······ 32
그리움 ······ 33
사랑은 ······ 34
연서 ······ 35

제2부 그리움 따라

비가 올 때는 …… 39
당신이기에 …… 40
사랑이 뭔지 …… 41
괜찮은 사람 …… 42
사랑은 …… 43
하루 한 가지의 기적 …… 44
그냥 그렇게 …… 45
우야꼬 이 일을 …… 46
씨 뿌린 노고 …… 47
뉴스를 보고 듣고 …… 48
인생이란 …… 50
그리움 따라 …… 51
이보세요 …… 52
언제나 늘 …… 53
그립다 아리랑 …… 54
부끄러워 …… 55
사랑한다 당신 …… 56
메르스 …… 58
그리움에 묻혀 …… 59
사랑과 우정 …… 60

제3부 흔적까지 아름답게

이별 그 다음 ······ 63
6월 첫날에 당신의 행복을 빌면서 ······ 64
사월 초파일 ······ 66
흔적까지 아름답게 ······ 67
그리워 ······ 68
봄에는 ······ 69
봄꽃 ······ 70
너 ······ 71
하하 호호 ······ 72
아름다운 생각 ······ 73
동창회 야외 수업 ······ 74
사랑의 노래 ······ 76
당신 때문에 ······ 77
황혼에는 ······ 78
꽃처럼 아름답게 ······ 79
나 ······ 80
더불어 조화롭게 ······ 81
가자 행복 찾아 ······ 82
그리울 때는 ······ 83
흔들리는 마음 ······ 84

제4부 널 좋아하는 이유

봄 향 속에 느껴지는 그리움 …… 87
삶 최고의 날은 언제나 오늘 …… 88
넌 나의 축복 …… 89
봄에는 …… 90
널 좋아하는 이유 …… 91
별이 빛나는 밤에는 1 …… 92
삶의 영원한 향기 …… 93
사랑과 행복 …… 94
추억도 아플 때가 있다 …… 95
펜만 잡으면 …… 96
봄 …… 97
그대와 나 …… 98
아름답게 …… 99
바람[望]과 다짐 …… 100
별이 빛나는 밤에 2 …… 101
소[牛] …… 102
바람[望] …… 103
행복은 생각하기 나름 …… 104
내가 니에게 바치는 詩 …… 105
하늘을 보면 …… 106

제5부 가슴 뛰는 행복

사랑하는 사람에게 주고 싶은 말 …… 109
고민되는 밤 …… 110
우맨의 시심 …… 111
밤에 눈이 내릴 때는 외롭다 …… 112
그대는 나의 행복 축복입니다 …… 113
가슴 뛰는 행복 …… 114
소망 …… 115
친구는 …… 116
우린 친구 …… 117
그냥 그렇게 살자 …… 118
되는 대로 살자 …… 119
그리움 …… 120
인생 …… 121
사람과 사람이 …… 122
꽃피는 봄에는 …… 123
이별 연습 중 …… 124
그리운 시절 …… 125
봄에는 …… 126
하 하 하 …… 127
별이 빛나는 밤에 3 …… 128

제6부 그리워

뒤돌아보면서 ······ 131
어둠이 몰고 온 고독 ······ 132
새롭게 ······ 133
그 ······ 134
생각 ······ 135
시 한 줄 ······ 136
아름답게 ······ 137
동행 ······ 138
인연 ······ 139
사랑 한 줌 ······ 140
때늦은 인연 ······ 141
부끄럽게도 ······ 142
그리워 ······ 143
꿈 ······ 144
윤회 ······ 145
세월 ······ 146
연시 ······ 147
비가 오면 ······ 148
우리 부모님 ······ 149
행복 ······ 150

제1부

우맨의 이야기

우맨의 이야기

나이 들어 정신 차리고 보니
어느새 처자식에게 발목 잡혀
얼룩이 젖소 한우밖에 모르는 삶

사연도 말도 많은 지난날
세월을 피해 갈 수 없을까
시심 시어에 묻힌
글쟁이로 춤을 춘다

꿈도 욕망도 내려놓은 채
세월을 낚으면서
아주 멋진 시 한 편에
행복해 하는 우맨.

옛날이여

꿈을 일구어 가던
소녀들은 모두
짝을 찾아가고 없지만

詩 한 편 쓰자고
뒤돌아보면

아직도 그려지는
아름다운 모습
예쁜 얼굴이 보인다.

광복 70

내 나라 조국을 위해
몸 바친 희생 속에
얻어낸 광복

순국열사를 애도하며
자축하기를
어느덧 70

그날의 함성 환희를 몰아
남북 통일되고
우뚝 서는 내 조국
대한민국이 아니던가

대한민국 만,만~새.

오늘의 생각 1

찌든 마음에 돈 떨어져
바보처럼 눈치 보면서
고개 숙이고 산다고
업신여기고 깔보는 일은
없어야 할 터

그래도
할 것 다 하고
사는 사람들

힘들고 어려웠던
최악의 순간이 있었기에
시간의 소중함을 알고

행복이 뭔지를 알기에
땀 흘리는 노고 속에
보람을 찾아
사랑의 기쁨
즐거움을 느끼며
체험하며 사는
그들이 아닌가

살다보니
나이는 그냥 먹어도
내공이 쌓여
눈을 감아도 보이는
너의 모습 삶의 이치

찜통더위에
힘들다 생각지 말고
겨루어 이기는 방법을 찾아
즐기는 것도 좋으리라.

그리워 써 보는 편지

친구야~

널 알고부터
잠을 자도
일을 해도
혼자일 수는 없다

문득문득 떠오르고
사라지는 네가
이렇게 비가 올 때는
또 무얼 하고
무슨 생각을 할까
궁금도 하단다

발바리처럼
비를 맞으면서
이 집 저 집을
헤매고 있는 것은
아니겠지

사랑은
생각날 때
그리워 괴롭고
떠날 때
슬퍼 괴롭겠지

널
생각하고
그리워하는 마음
무지개 색깔만큼이나
곱고 아름답지 않은가

나 혼자 간직하기에는
너무 가슴 벅차
이렇게
이쁘게 수놓아
너에게 보낸다

친구야 사 랑 해.

내리는 비를 바라보며

내리는 빗속을 바라보니
오물이 씻겨 내려가고
먼지가 씻겨 내려가
세상이 깨끗해지고
우리네 마음마저
깨끗해지는 것 같습니다

기분 좋은 마음으로
아름다운 이 세상을
바람처럼 거닐며
좋은 것만 보고 느끼며
나쁜 것은 생각도 않는
참 좋은 사람
그리운 사람으로
기억되고 싶습니다

주어진 시간을
아끼고 사랑할 줄 아는 사람
최선을 다하는 사람으로
긍정적으로 생각하며
기쁨과 행복을 일구어
즐길 줄 아는 사람으로
살고 싶습니다

비가 오면 슬픈 사랑
그리움도
추억의 그림자.

친구

친구라는 말보다 더
아름다운 것 없고
소중한 것 없기에
챙겨 간직하고 싶은
벗 하나 있었으면
좋겠다

가끔
사랑이란 말이 오고 가도
아무 부담되지 않고
문득 만나고 싶음에
기별 없이 찾아가도
반갑게 맞아주는 친구

이런저런 얘기
세상 돌아가는 얘기를
밤새워 나눌 수 있다면
얼마나 좋을까

안부 묻고 건강을 챙기면서
사랑한다는 말도
스스럼없이 할 수 있는
친구 같은 애인
애인 같은 친구 하나
있었으면 참 좋겠다.

관세음보살

어느 날부터인가
시도 때도 없이
생각나는 그리움이 찾아들어
가만히 있는 사람 힘들게 한다

마음 비우고
내려놓아
잡념 없이
살고 싶은데

어느 날부터인가
허락도 아니 받고
제 마음대로 왔다 가는
그리움이 있어 괴롭다

내가 네게
무얼 얼마나 잘못했기에
이렇게 따라 다니며
못살게 굴까

아~~괴롭다
나무 관세음보살.

복

타고난 복
그릇의 크고 작음을 떠나서
내 삶 내 그릇만치
아끼고 사랑하며 살리라

힘들게 큰 것은 바라지도 않으면서
그날그날 최선을 다하며
즐거운 마음으로 기쁘게
긍정적으로 나의 몫 다 하면서
즐겁게 살리라

일도 사랑도
그리고
즐기며 노는 것까지.

살자

비껴간 행운 행복에
성공 출세를 못 하고
부자가 아니라고
좌절에 슬퍼 마라

눈 뜨면 보이는
푸른 초목과 따뜻한 햇볕
기쁨과 행복을 느낄 수 있는
오늘이 있어 행복하지 않은가

어제 죽었던 사람이
그토록 갈망했던 오늘
소중한 지금 이 순간을
뜻있게 보내면 그만이다

삶은 누군가와 함께
잔잔한 물결 같은
사랑을 만들어 갈 때
인생은 포근하리라

살자
똥 밭을 굴러도
이생이라 했다
힘들 때는 하늘을 보라
저 높은 하늘 뜬구름을.

심심한 김에

기계 문명의 뒷받침 속에
선진국에 진입했다지만
왜 내 마음은 아직도
허기진 마음
굶주린 몸으로
뒤처져만 갈까

세월은 가고
시간이 없을 때
그래도 찌그러진
냄비 하나 있으면
감자 두 개 고구마 하나
삶기는 것 보고 싶다
익어 가는 것 보고 싶다.

오늘의 생각 2

사람 향 풍기는
글 한 줄 쓰고자
오늘도 나는 정화수 떠놓고
칠성님께 기도하며
마음 닦아내고자
애를 쓴다

사람이 사람 구실을 하면서
사람 향 풍기는 사람일 때
뜻한 글 아주 멋지게
써지리라 믿으면서
영혼의 울림을
써내리라.

찔레꽃의 사랑

찔레꽃 피고 질 때는
더 많이 생각나는
그리움 때문에 심란하다

별빛이 유난히 많이
쏟아지는 밤에는
못 견디게 보고 싶어 괴롭다

사랑은
서로의 가슴에
모닥불을 피워 내는 것

찔레꽃 그 내음이
입맞춤으로 다가설 때는
빈 가슴 채울 것은
뜨거운 햇볕에 흰 구름 한 조각.

감사합니다

잠 깨어 눈 뜨면
생각나는 사람 하나
내게 있습니다

뇌경색 후유증으로
반신불수라도
영혼이 티 없이 맑고 깨끗한 사람

좋은 글 좋은 시를
좋아한다면서
시집을 원하던 사람

졸작인 내 시를 좋아하다니
당신이 있어 행복하고
당신을 위해 시를 짓겠습니다

감사
또
감사합니다.

삶의 묘미

말이 많은 사람은
말이 말로써 자기 허물을
들통내어 후회하기보다는

조심
또 조심
입을 조심

참아 실속을 챙겨
득을 헤아려보는 것은
어떠리.

고독

고독에 찌든 마음
괴로워 힘이 들 때는
보다 더 큰 꿈을 위해
참고 참는 인내를 배워
지혜를 쌓아가는 기회는 어떠리

고독은
몸도 마음도
여유로운 자의 투정이고
게으른 자의 변명이라면

고독은 슬프지만
보다 큰 행복을 위해
준비하고 기다리기보다는
고독의 그 순간을
요리하며 즐겨볼 수 있는
축복의 시간은 어떠리

심신을 위해
책을 읽을 수도 있고
글을 쓰는 묘미는
또 어떨까

거리를 나서 보는 것도
부대끼는 인파 속에서
외로움을 찾아 즐겨
보는 것은

파란 하늘이 보이는
오솔길도 좋겠고
시냇물 졸졸 흐르는
사잇길도 좋으리라

인생사에
고독을 즐길 줄 모르고서야
어떻게 삶을 논하고
인생을 이야기하겠는가

사랑한다. 고독
네가 있기에
내가 이렇게
글을 쓴다.

진리

내 삶 오물 속에서도
수련처럼 때 묻지 않고
깨끗하게 어깨 힘주고
뜨뜻해 질 수 있는 것은
펜의 힘이라 생각을 해 봅니다

단점을 꼬집어
장점을 찾아내어
승화시킬 수 있는 능력은
펜의 힘 펜을 잡은 사람의
마음의 자세이옵니다

사람 사는 세상이
너무 맑고 깨끗해도
삶의 진미를 느낄 수 없다지만
펜을 잡고 공부하고 마음 닦아
어리석음 속에서 속을 차려 챙기는 것도
펜의 힘이고 공부한 노고의 결실이라
생각을 해 봅니다.

그리움

보고 싶고 보고 싶어
임의 고운 모습 보고 싶어
애간장만 녹아내립니다

듣고 싶고 듣고 싶어
임의 고운 음성 듣고 싶어
그만 귀까지 먹먹합니다

날이 가고 달이 가도
임 향한 그리움은
보고 싶고 느끼고 싶을 뿐입니다

임의 마음 생각도 모르면서
사랑을 했고
좋아는 했습니다

당신이기에 가능한
그리움이고 사랑입니다
사랑합니다
좋아합니다.

사랑은

사랑은
진실 뒤에 숨겨진
믿음이라면

그리움은
당신을 향한
내 눈에 콩깍지

사 랑 의
감정이 없는 사람은
고장 난 자동차이라면

욕구만 충족시키려는 인간은
브레이크가 고장 났다고
생각하면 되리라

어쨌거나
보고 싶다. 당신
그립다. 당신
당신이 있어 울고 웃을 수 있어 좋다.

연서

그리워 생각이 나면
보고 싶어 그립다고
편지를 씁니다

그리워 생각이 나면
먼 산을 바라보고도
예쁜 짓도 한답니다

사랑을 하면서도
좋아는 하면서도
몸 따로 마음은 하나

오늘도 그제처럼
마음 저리는 그리움에
또 편지를 씁니다.

제2부

그리움 따라

비가 올 때는

비가 오면 비가 온다고
아무도 보지 않는 곳에서
실컷 울고 싶을 때가 있다

비가 오면 비를 맞으며
아무도 다니지 않는 길을 찾아
실컷 걷고 싶을 때가 있다

그래서

때 묻은 영혼
깨끗이 씻어
깨끗해진다면

몸과 영혼이 맑은 사람
사람다운 사람이
되고 싶다.

당신이기에

더불어 느낄 수 있는
내 영혼의 기쁨은
당신이기에 가능한
행복입니다

떨리는 가슴으로
그댈 찾아 헤매는 것도
그대이기에 가능한
그리움입니다

그리움이
사랑인지도 모르면서
인고 속에 느끼고 싶은 게
사랑이라 강조하다가
웃는다.

사랑이 뭔지

당신이 그리워
그리워 당신이
눈물로 세월을 보냅니다

흘러가는 세월같이
내 마음도 흘러 흘러
예까지 왔습니다

당신과 함께라면
함께가 아니어도
당신 잊는 일 없이
사랑하다 가리라.

괜찮은 사람

글 한 줄 쓰기 위해서는
많은 책을 읽어
진리를 깨닫고
삶의 의미를 느껴
품어야 하는 것처럼

인생살이 다 뜻대로
되는 것도 아니지만
하루라도 근심 걱정 없이
긍정적으로 마음을 깨끗이
편하게 하다 보면
어느새
괜찮은 사람이
되어 있지 않을까

분수껏 만족할 줄 알고
즐기는데
인색하지 아니하며
언제나 몸가짐을 조심
좋은 생각 맑은 마음으로
자존심과 양심을 지켜
부끄럽지 않은 사람
괜찮은 사람으로 남으리라.

사랑은

사랑을 하되 친구 같은
연인을 꿈꾸며
꽃피고 열매 맺기를
밤낮없이 기도했다

마음 문 열리는 날
무지개다리 놓고
티 없이 맑고 깨끗하게
때 묻지 않게 만나야지

사랑은
오랜 기다림 끝에
피어나는 꽃
죽는 날까지
아끼고 소중히 하리라.

하루 한 가지의 기적

내 삶 최고의 날은
언제나 오늘
지금 이 순간이다

하던 일에 묶여
언제나 그 일을 하면서도
틀에 벗어난 생각으로
행하여 보람을 쌓아 가리라

하루 한 가지가
일 년이면 365
십 년 이십 년이면
그때는 어떻게 변하고
어떻게 바뀌어 있을까

생각이 바뀌면 행동이 바뀌고
행동이 바뀌면
땀 흘린 수고 결과가
하늘의 축복 행복으로
찾아들 것을 믿으면서

오늘도 나는 손녀를 업고
축사를 한 바퀴 돌면서
소를 구경시켜 주었다
수고로워도 행복했다.

내일의
기적을 믿으면서.

그냥 그렇게

있으면 있는 대로
없으면 없는 대로
그냥 그렇게 살자

뱁새가 황새 되려 않고
까마귀 백로를
부러워 않는다

오리 다리 짧아서 좋고
황새 다리 길어서 좋다면
가진 대로 만족하면 된다

이래도 한세상
저래도 한세상
없어도 불평 없이
이루어 즐기다 보면
기쁨은 배가 되어
행복은 절로

우리
그냥 그렇게 살자.

우야꼬 이 일을

주영아
한마디 해도 될까
오늘은 무슨 일이 있으면
용서해 줘 부탁한다

함께 있다가
무슨 일이 있으면
그건 네가 너무 예쁘고
아름답기 때문 이란 걸 알아야 해

자신도 모르게
손을 잡고 안을 수도
포옹일 수도 있어
병인가 봐 참지를 못하는

무심코
나 자신도 모르게
행하는 행동이니께 용서해 줘
지금도 널 안고 싶지만 참고 있단다

하늘도 무심하시지
어떻게 너를 보내
나를 시험들게 할까
나무 관세암보살
우야꼬 이 일을.

씨 뿌린 노고

텃밭을 일구어
상추씨를 뿌렸는데 어느새 상추씨가 보송보송
물을 주고 김을 매는 수고는
가족의 건강과 행복으로 느껴진다

입으로 들어가는 모습은
맛 나는 상추이겠으나
내 눈에는 사랑이고 기쁨이다

조그마한 수고와 사랑이
이렇게 큰 기쁨으로 느낄 수 있음은
아마 씨 뿌린 노고 없이는
느낄 수 없으리라

뿌린 것은 사랑이었지만
거두어들이는 보람은 더 값진
신토불이 무공해 행복이었다.

뉴스를 보고 듣고

논두렁 밭두렁에는
아지랑이 피어올라 살랑살랑
하늘에는 종달새 지지배배
노래하고 춤을 추는 것도 잠시
어느새 여름입니다

세월은 가도
자연은 언제나 그 모습 그대로
온 누리에 사랑과 기쁨이 넉넉
아름답고 조화롭건만
너와 나 우리네 마음은
왜 자꾸만 찌들고 메말라만 갈까

내려놓고 보면
행복인 것을
왜 가지고
채우고 싶은 욕심 때문에
언제나 늘
부족함으로 살까

작아도 소중하게
사랑할 줄 아는 사람이 되어
더불어 나누고 베풀며
소통하는 즐거움은
어떠리

콩 한 쪽도 나누어 먹던
그 옛날 그 시절처럼.

인생이란

잠깐 왔다 가는 인생
우리는 무엇을 얻었고
무엇을 챙겨 갈 것인가

생각해 보면
참 허무한
인생

무엇을 얻으려고
그렇게
애를 썼던가

놓고 보면 보이는 행복
지금 이 순간을 즐기면서
건강, 행복이나 챙겨 사르소서.

그리움 따라

우리가 살아가면서
만나고 헤어지는
인연의 고리는
어디까지일까

빈손으로 왔다지만
부모님의 은혜를 입어
보고 생각할 수 있는
지혜와 감성을 얻어

아름다운 이 강산
살기 좋은 이 세상
함께하고 싶은 사람들

당신은 아시나요
그대와 함께이고 싶어
애를 태우는 사람까지 있다는 걸

당신이 있어 행복해 하고
당신이 주는 그리움으로 웃음 짓고
한 하늘 밑에 살고 있어
행복해한다는 사람을

오늘도
당신 향한 그리움으로
당신을 찾아
당신께로 갑니다.

이보세요

외롭다
힘들다
말을 마세요

네 보기 두렵고
널 만날까
무섭고 겁이 나요

세상이 어찌 된 건지
메르스 이 양반 때문에
사람이 사람을 겁내고
피하는 세상이 될 줄이야

용서하시옵소
유월의 뜨거운 태양 속에서도
광명이 쏟아지는 날
나는 무릎꿇고 빌리라

나 살자
널 피해
미안하다고
죄송하다고
대한민국 국민 여러분
미 안 합 니 데 이.

언제나 늘

오늘도 나는
나를 위해 너를 위해
나를 아는 모든 사람과
살아가면서 만난 사람
만날 사람까지

그리고
사랑하는 모든 이를 위해
특히 글을 좋아하고
시를 사랑할 줄 아는
당신을 위해
나는 오늘도
수고를 아끼지 않고
시를 씁니다

부족 하지만
명품 명작을 꿈꾸면서
언제나 늘
최선을 다하는
그런 사람이 되겠습니다.

그립다 아리랑

그립다 생각을 하니
어느새 보고 싶어
애가 타는 마음

생각나는 괴로움에
하늘 보고 땅을 봐도
멈추어지지 않는 그리움

아리아리 아라리랑
해는 져서 석양인데
사랑을 논해 무엇하랴

그리움도 사랑인 양
아름다운 사연
슬픈 추억에
허허 웃으나 보세.

부끄러워

수줍어 말도 못 하고
고개 내밀어
먼
산만 바라보고 왔습니다

좋아하고 사랑하면서
사랑한다
그 말이 왜 그렇게 힘이 들까

하고 싶은 말 하나 못 해도
이렇게 글로는
쓸 수 있는 것을

이러고도 남자라고
어깨 힘주고 살아왔을까
달랑달랑 거시기 보기
부끄러운 날이었습니다.

사랑한다 당신

사랑한다
이 말이 듣고 싶어
얼마나 많은 나날을
애를 태우며 살았던가

믿을 수 없다는 생각에
밀고 당기는 허송세월은
또 얼마나 많은 나날을
애를 태우며 살았던가

마음 문 열어 놓고 보면
보이는 눈 부신 햇살
사랑의 기쁨과 행복은
영혼의 뿌리까지 즐겁게 하는데

마음 문 열어 놓고 보면
생〈生〉 행복이요
마음 문 닫고 보면
사〈死〉 외로움뿐 죽음이다

진실로 뭉쳐진 뜨거운 가슴
행복으로 가는 길은
생명의 길 마음 문 활짝 열려
사랑으로 가는 길이니라

사랑하는 사람들아
이 좋은 세상
마음 문이란 문은
모두 열어놓고 살자

사랑이든 우정이든
이별을 두려워 말고
우선 사랑을 하고 보자

사랑한다 당신.

메르스

불청객 메르스
이놈은 뭐 하는 놈이기에
소식도 없이
제 마음대로 찾아와
제멋대로 설쳐
온 국민을 떨게 할까

우왕좌왕
정치인은 정치인대로
국민은 국민대로
서로 못 믿는 불신까지

유월의 붉은 장미는
뙤약볕 열기 속에서도
가시 세우고
꽃을 피워 빵끗

태풍이라도 하나 날아와
메르스인지 매트리스인지를
후욱 불어 날려 보내거나
내리는 단비에 싹 씻겨
없어지는 것 보고 싶다.

그리움에 묻혀

사랑한다기에
힘든 고통도
입 다물고
빙그레 웃고 살았다

사랑하였기에
견딜 수 없는
인내도 배워
마음 달래며 살았다

사랑은
기쁨도 슬픔도
지나고 보면
아름다운 추억

세월이 약이라
힘들게 살아온 아픔만큼이나
더 값진 삶이었고
추억이었기에
그리움에 묻혀 살면서도
후회는 없으리라.

사랑과 우정

그대를 사랑하고
좋아한다고
원망은 말아요

나도 내 마음
감당되지 않는 그리움에
고민하고 있답니다

사랑이 아니면 어떠리
지금 이대로
이렇게 살면 될 것을

임이라 부르지 못해 애련하오나
진실 속에 피어나는 믿음
우정도 좋으리라.

제3부

흔적까지 아름답게

이별 그 다음

고달픈 인생살이
어렵게 힘들게 해도
그대 떠나야만 할까

텅 빈 가슴에는
하늘이 무너지고
땅이 갈라지는 것 같은데

아름다운 그 사연
멋진 그 추억은
또 어떻게 합니까

채워도 모자랄 행복
그대 없는 빈자리가
한없이 날 아프게
슬프게 합니다.

6월 첫날에
당신의 행복을 빌면서

당신이 있어
사랑이 뭔지
그리움이 뭔지를 알 것 같습니다

그리움에 젖어
글 하나 써놓고
행복해 하는 것도
당신이 있기에 가능한
행복입니다

당신은
아름답고 소중한 분
당신이 있어 더불어
함께가 사랑이고
행복인 줄 압니다

당신 때문에
가질 수 있는 행복
놓치지 않고자
글 시를 쓰고
있습니다

이 글도
당신을 향한
제 마음이고
그리움입니다
6월에도
늘 건강
행복하소서
사 랑 합 니 다.

사월 초파일

사월 초파일은
부처님 오신 날이고
내 마누라 귀 빠진 날

불은의 은덕을 생각하면서
나는 나를 아는 모든 이들의 가슴에
등 하나 씩을 달아 드릴까 한다

나의 마음이 그들의 마음에
닿지 못하고 느끼지 못한다 해도
등 하나 달아 드리고 싶다

온 누리에 사랑으로
행복해지는 그날까지
가슴을 열어 눈뜨고 귀를 닦아
불은, 자비를 깨우쳐 함께 하시길
염원하며 글을 쓰리라.

흔적까지 아름답게

나 부족한 줄 모르고
세상을 탓하면서
부귀영화를 꿈꾸어온 나날

머물다 떠난 내 자리는
또 어떠한 흔적으로
남아 있을까

살 만큼 살아보니
느껴지는 후회
흔적 하나만이라도 사람답게

어지러운 이 세상
살고 싶은 세상으로
흔적까지 아름답게
시를 쓰는 시인으로 남으리라.

그리워

생각만 하면 떠오르는
아름다운 얼굴의
사람이 있습니다

삐어져 토라져도
용서가 되는
사람이 있습니다

하루에도 여러 번
시도 때도 없이
생각나는 사람

오늘도 글을 쓰는 건
그를 향한 내 마음이고
생각입니다.

봄에는

텅 빈 마음
가난한 마음에도
따뜻한 햇볕 봄바람이
참 곱고 아름답다

행복은
멀고 높은 곳에 있는 것도 아니라면
봄에 씨 뿌리는 마음으로

작아도 차곡차곡
쌓아 가는 행복 추억은
오래도록 기억에 남아
삶을 윤택하게 하리라.

봄꽃

느낌이 참 좋은
따뜻한 햇볕 속에
개나리 진달래 피어
봄을 노래합니다

자기 색깔만큼이나
곱고 아름다운
자태

보이는 것만으로 행복한데
어느새 벌 나비 찾아들어
꽃을 따며 희롱하는 봄

사랑해요
꽃과 벌 나비처럼
마음 주고 사랑받아
기쁨 속에 행복을 느껴봐요
사 랑 합 니 다.

너

참 곱고 아름다운
너의 눈 귀 코 입
그리고 네
마음을 갖고 싶다

순수한 네 영혼이
내 속에 머물 수 있도록
빈 가슴 열어 두어
너를 채워 간직하고 싶다

당신의 아름다운
그 모든 것을
갖고 싶고
느끼고 싶다

참 곱고 아름다운
너란
사람을.

하하 호호

이렇게 비가 오면
가끔은
생각나는 그리움

잘나가는 사람
배우 모델도 아닌 것이
왜 자꾸만 생각이 날까

잊은 듯 잊고 살면서도
가끔은 이렇게
마음고생을 한답니다

얼마나 더 세월이 가야
얼마나 더 비가 와야
하하 호호 웃을 수 있을까.

아름다운 생각

가끔가다가
네가 생각이 날 때는
너의 아름다운 모습
고운 목소리에 빠져든다

티 없이 맑은 모습
때 묻지 않은 너의 심성에
빠져들게 하는
그 무엇은
인연을 벗어난
숭고한 사랑이리라

아~
주 예수님의 사랑이 이러할까
아직도 웃고 계실
부처님의 자비가 이러할까

나무 관세음보살.

동창회 야외 수업

우리는 무엇을 보고
무엇을 얻어 왔는가

시간을 붙들고 알코올에 취해
자연은 그대로가 아닌
손댄 흔적에서 느낀
감동, 감흥

야외 수업
뜻에 맞게
무얼 하나 얻어와야 하는데
좋은 생각
좋은 말처럼
털어 비우고 왔습니다

밀양에 없는 아름다움은
보고 느낄 사이도 없이
그냥 왔습니다

선생님의 주옥 같은 말씀도
하나 생각나지도 않습니다
깔끔한 반찬
맛나는 음식은
무얼 먹었는지도 몰라도
최고였습니다
맛있었습니다

야외 수업
배우 건 없어도
재미있었습니다
즐거웠습니다
행복했습니다

송산 여러분
여러분이 있었기에 가능한
행복이고 즐거움이었습니다
여러분
사랑합니다.

사랑의 노래

삶이란 참으로
복잡 미묘하여
행복하면서도
언제나 늘 불안 부족함에
헤어나질 못하고 살아갑니다

비우고 베푸는 마음으로
나를 아는 모든 사람
특히 글 시를 좋아하는 사람을 위해
삶의 이정표 시 글로
사랑 노래 부르고 싶습니다

시심 시어는
영혼의 뿌리까지
촉촉이 적시는 글로
빈 가슴 사랑과 행복
기쁨이 넘쳐나도록
써 올려 드릴까 합니다.

당신 때문에

당신이 있기에
느낄 수 있는
사랑과 행복

슬픈 노래를 불러도
당신이 있기에 가능한
그리움입니다

떠나야 할 때 슬프고
사랑할 때 괴로워도
포기할 수 없는 우리 사랑

주고받아도 모자랄 정
오늘도 당신 그리움에
잠을 설쳐 詩를 씁니다.

황혼에는

저녁노을이 아름다운 것처럼
늘그막에 마음 비워
욕심을 내려놓으니
찾아드는 행복

번뇌 망상에 벗어나
사람 향 풍기면서
사람답게 살다 가자

아름다운 이 강산
마음 좋은 사람과 함께
나쁜 생각은 품지도 않고
사랑만 하다 가자.

꽃처럼 아름답게

생각의 마음을
그대 가슴에 꽃을 피워 내려
애를 쓰다 보면

나도 모르게 어느새
기쁨의 향기 풍기는
한 송이 꽃이 됩니다

산다는 것은
어느 누군가의 가슴에
사랑의 꽃을 피워 내는 것

나도 나를 아는 사람에게
기쁨의 향기 전하는
아름다운 꽃이 되고 싶습니다.

나

외로워 고독을 씹다 보면
삶의 의미 깊은 뜻을
맛볼 수 있어 좋다

큰 욕심 없이
내려놓고 보면 찾아드는
따뜻한 사랑

뿌린 대로 거둔다고
사람 향 풍기면서
피워내고 싶은 꽃

텅 빈 가슴에
절망의 그늘이 없어질 때까지
깨어 있는 말씀 좋은 말만
생각하리라.

더불어 조화롭게

행복 행복하면서도
진작 자기 속에 있는
행복은 느끼지를
못하는 사람들

아름다운 이 세상
물질 만능주의
다 가져야만 하는가
풍요 속에 밀려난 궁핍한 마음

왜 멀리 더 높은 곳에서
찾으려 애를 쓰는지
자신을 알고 현실에 충실 힐 때
삶의 의미 묘미는
기쁨으로 찾아 들리라.

가자 행복 찾아

삶이
어렵고 힘들겠지만
자신에게 맞는 행복을 찾아
꾸준히 준비하고 노력하는 것

꿈은
정해진 목표를 향해
포기하는 일 없이
희망을 품는 일이다

세상은
아름답고 살만한 곳
생명은 존귀한 것이기에
서로 아끼고 사랑하여야 한다

만약 오늘을 헛되이 보낸다면
내일 또 다음 내일 역시 제자리
기쁨과 행복은 생각하기 나름
느끼자 지금 이 순간
이 행복.

그리울 때는

생각만 해도
가슴 뛰는
그리움

하늘에 해와 달 같이
이 땅에는 너와 나
꽃과 벌 나비처럼 사랑만 하자

봄을 기다리는 마음에
따뜻한 햇볕처럼
느껴지는 그리움

메마른 가슴에
행복이 채워질 때까지
나쁜 생각은 하지도 말고

그냥 그리울 때는
좋은 생각 좋은 감정으로
사랑만 하자.

흔들리는 마음

아니라 생각을 하면서
고개를 흔들어 봐도
자꾸만 생각나는 그리움

내 것 갖고
내 마음대로 할 수 없는
브레이크 풀린 마음

그대 때문에 생긴 콩깍지
벗어나지 못해
참 힘들게 어렵게 사는 오늘

산다는 것은 때로는
어느 누구의 가슴에
잔잔한 물결도 만들 수 있나 봅니다.

제4부

널 좋아하는 이유

봄 향 속에 느껴지는 그리움

가슴에 담아 두고 싶은 사람 하나
점 찍어 놓고
보고 싶을 때마다
꺼내어 볼 수 있다면
얼마나 좋을까

외로운 가슴에
그리움의 무게가 없어질 때까지
생각하고 느낄 수 있다면
찢어지는 아픔 그리움도
그대 있어 행복이라고
위로가 될 텐데

별이 빛나는 밤에는 생각도 많다.

삶 최고의 날은 언제나 오늘

삶이란 언제나 늘
부족함으로 고달파도
내일이란 희망이 있기에
위로가 되는 오늘

보장되지 않는 미래
걱정 없는 날이 없어도
내 삶 결정의 날은
언제나 오늘
내 마음속이 아니던가

희망을 품고 생각을 심자
처신은 겸손하게
이상은 더 높게
용기 잃지 말고
꿈을 이루어 가자

우리는 모두
꿈을 현실로 만들
소임을 가지고 있다
이루어야 할 꿈 최선을 다할 때
행복은 잊지 않고 찾아들 리라.

넌 나의 축복

보고 생각하며
그리워할 수 있는
네가 있어
얼마나 행복한지 모르겠다

꽃보다 더 아름다운
그런 널 생각하고 그리워하며
이것도 사랑이라 강조하며 글을 쓰는 게
얼마나 행복한지 넌 알겠니

오랫동안 안고 살아가야 하는
슬픈 사랑이란 의미의 고독도
이렇게 시가 책으로 다듬어지니
얼마나 행복하고 감사하나

안아 보지 못하는 그리움까지도
사랑으로 꽃피워 낼 수 있었던 것은
아름다운 네가 있기에
가능한 축복이었단다

넌 그냥 건강하게 아름답게
오래오래 살기만 하면 된다
그래야 난
시를 쓰고
책을 만들지.

봄에는

마음 하나 던져 놓고
꽃피고 열매 맺기를
두 손 모아 기도했다

슬프게도 원하면
이루어지리라는 소망에
날 새는 줄 모르고 기도했다

인연이 귀한 줄 알기에
마음 상하지 않도록
사랑만 하리니

뜻은 그대의 몫

그것을 나는
결과와 상관없이
사랑만 하리라.

널 좋아하는 이유

내가 사람을 좋아하고
그리워하는 것에는
이유가 있을 수 없다

그냥 좋으니까
보이지 않는 것도 보고
들리지 않는 것도 듣기 때문이다

뒤늦게 깨달은 생각 하나
생각이 그리움을
그리움은 위대한 시를
탄생시킬 수 있다는 것

나에게
당신이란 사람은
내 삶의 의미이자
영혼을 맑게 해 주는
글이고 시이다.

별이 빛나는 밤에는 1

별이 빛나는 밤에는
그리운 사람
더 그리워하자

함께가 아니어서
애련하나
생각할 수 있어 행복하지 않는가

그리운 사람
임의 모습이
생각이라도 나는 날이면

마음 길러 시를 짓고
글을 모아 책을 내니
심심도 보람이 아니겠는가.

삶의 영원한 향기

삶이란
예측 불가능한 미지에서
꿈을 일구어 가는 길

때로는 험난한 가시밭길
흔들리는 신념 속에
힘든 고통도 따르리라

빈손으로 왔다 가는 인생
절망의 늪 황무지에서
꽃피울 수 있는 지혜가 있지 않은가

노력하자
꿈은 이루어질 것이다
힘든 고통 뒤에는 반듯이

사랑의 기쁨 행복으로
영원한 향기로
찾아 들리라.

사랑과 행복

삶이란 언제나 항상
즐겁고 행복한 것도
아닙니다

근심 걱정 없는 날이 없고
부족함으로 더 채우려고
기를 쓰고 덤비는 나날

마음 비워
내려놓으면 보이는
사랑과 행복

아닌 줄 알면서도
끝없는 유혹 돈 권력을 좇아
바쁘게 헤맵니다

사랑이 뭔지
행복이 뭔지
돈, 권력 없이는 살 수 없을까

건강을 빼고 나면
무너지고 마는
사랑과 행복

잠깐 쉬면서 나를 찾는
여유를 가져 보소서
내가 보이고 건강할 때
사랑과 행복 기쁨은 함께하리라.

추억도 아플 때가 있다

잊어야지
생각을 하면서도
잊지를 못해
가슴에 담아두고 사는 그리움

세월이 약이라
잊은 듯 잊고 살면서도
가끔은 생각나는 그리움에
미음고생을 한답니다

떠날 때 슬프더니
생각나는 그리움에
또
괴롭습니다.

펜만 잡으면

글 하나 쓰고 싶어
마음 가다듬어
펜을 잡았습니다

아름다운 이 강산
자연을 그릴까
사랑을 할까

구들목에 누워
청승을 떨어봐도
생각나는 건 술과 사람

낯선 여자 낯선 그림이
함께 놀자 손짓하는
아름다운 여유.

봄

봄은
젊은이에게는
꿈이 있어 좋고
희망이 있어 좋지 않은가

늙은
시인에게 추억은
소중한 재산이고
사랑이지만

사랑보다 더
마음 저리는 것은
작은 관심과
웃음이다.

그대와 나

그대 있는 곳에서
한세상 살아갈 수 있음이
나의 기쁨 행복입니다

생각만으로도 행복하지만
주고 싶은 마음
받고 싶은 사랑 때문에
고민되는 것도 사실입니다

나
사랑이 힘들다는 것도 압니다
꽃을 사랑하듯 별을 노래하는 마음으로
멀리서라도 바라볼 수 있다면
생각하고 그리워할 수 있는
그것 하나만으로
위안으로 삼고
사랑하렵니다.

아름답게

하루를 살아도
꽃과 나비처럼 살 수 있다면
얼마나 좋을까

꽃처럼 아름다운 모습의 그대
벌 나비처럼
마음 주고 사랑받으면서

꽃을 보고
꿀을 따듯
사랑하고 싶습니다

그대와 나의 자리에
눈, 얼음 녹아 강물이 풀리면
그때는 마음 문 열어
풀잎 배를 띄워요.

바람[望]과 다짐

삶은 갈수록
어렵고 힘들어도
남은 인생 즐겁게 살아야지

날마다 웃음꽃 피우며
아름다운 사연 멋진 추억을
일구어 간직하리라

빈손으로 혼자 왔다가
혼자 간다는 이 세상
대미가 쓸쓸하지 않다는 걸
몸소 실천 보여 주리라.

별이 빛나는 밤에 2

언제나 늘
부족함으로 남는 나날
내일을 점칠 수 없지만
한 번 왔다 가는 인생
후회하지 않기 위해
최선을 다하리라

아름다운 이 강산
나를 아는 모든 사람
아끼고 사랑하는데
주저하지 않으리라

그러면서
돌보지 못한
이 몸도 챙겨
자식과 나라에
짐으로 남는 일은
없어야 할 텐데····

소[牛]

먹으면 먹는 만큼
때깔 좋고 대우받는 이 있으면
나와 보라 할 때도 있었지

한때는
새*가 빠지도록 일을 해야
죽이라도 한 끼 얻어먹었는데

어쩌다가
주면 주는 대로
묵고* 놀고 묵고 자고

죽어서도
대우받는
귀한 몸

사람들 이런 나를
소라 이름 붙여놓고 귀히 여길 줄
옛날에는 미처 몰랐지요.

* 새: 혀, 사투리.
* 묵고: 먹고 사투리.

바람[望]

더없이 아름다운 세상
훨훨 날고 싶건만
잘 풀리지 않는 삶

꼬여
바닥을 헤매는 게
참 부끄럽다

그래도 자식 앞에
듬직한 남편
괜찮은 사람으로 남고 싶은
바람은 어찌할까나

나이는 먹으면 먹을수록 바람은 많다.

행복은 생각하기 나름

마음은 천국
행복을 만들면서
지옥에서 방황하기도 한다

즐거운 생각을 품으면
늘 즐겁고
슬프게 생각하면
늘 슬프고 괴로운 게
우리네 삶이요
인생이다

인생이 별건가
행과 불행이
마음속에 있다면
아름다운 생각
즐거운 마음으로
우선
즐겁게 살고 볼 일이다.

내가 나에게 바치는 詩

한 치 앞도 모르는
우리네 인생
다시 만날 사람
못 볼 사람은
또 얼마나 될까

스치는 바람이
소중한 인연처럼
아름다운 사연
멋진 추억이 아니면
또 어쩌랴

세월은 흘러가는데
고독을 즐길 줄 모르면서
그리움이 사랑이라고 외치는
등단 작가는
또 얼마나 외로울까

밤에 쓰는 편지 나의 詩는
내가 나에게 바치는
깨어 있는 생각
진실의 꽃
그때그때의 생각
나의 마음이다.

하늘을 보면

하늘을 보면
언제나
네가

티 없이
맑고 깨끗한
네 모습이 보인다

그렇게도
곱고
아름다운 모습

만지고 느낄 수 없는
그림이라도
난 네가
좋다.

제5부

가슴 뛰는 행복

사랑하는 사람에게 주고 싶은 말

한 치 앞도 모르면서
천년만년 살 것 같이 사는
우리네 인생

오지 않는 내일을
걱정하기에 앞서
최선을 다하는
오늘이 되소서

오늘이 마지막인 양
멋지고 아름답게
살아 숨 쉴 수 있어
행복하지 않은가

인생은 단거리가 아닌 장거리
쉬엄쉬엄 쉬었다 가는 여유
건강도 챙겨 힘과 능력을
비축하소서!
사랑하소서
사랑합니다.

고민되는 밤

하얀 백지 위에
명품 시 한 편을
그려 내고 싶었다
보이지 않는 그 무엇
가슴 시린 외로움과
깊이 있는 대화
못다한 이야기를

하고 싶은 말
하나 숨기지 않고
다 하고 싶은데
벌써 쓰고 싶은
시심 시어는 어디론가
사라져 버리고 없는
차디찬 외로움

쓰고 싶은 글 대신
슬며시 찾아든 건
깜깜한 어둠과
가슴 시린 고독뿐
무언가
쓰긴 써야 할 때
밤은 고민되게 애를 태운다.

우맨의 시심

여유롭고 한가할 때에는
외로움을 불러
고독을 씹기보다는

가슴 찡하게 파고드는
시심 시어를 가려내어
시 한 편을 쓰기 좋을 때

목부 우맨이
소나 돌볼 것이지
시를 쓴다고

하하하
그러게 말이요
소가 웃는다.

밤에 눈이 내릴 때는 외롭다

사랑과 행복만
한 아름 가득
넘쳐 났으면 좋겠다

밤새도록
퍼붓는 하얀 눈은
나의 그리움이고
사랑이다

마냥 허전한 고독은
밤새도록 시 한 편 쓰고 싶은
나의 바람이고
외로움이다.

그대는 나의 행복 축복입니다

혼자 왔다가
혼자 간다는 이 세상에
그대를 만난 건 하늘의 축복
기쁨이었습니다

모자라고 부족한 저에게
손 내밀어 잡아 준 그대는
더없이 좋은 사람
행운이었습니다

힘들고 어려워도
참고 헤쳐 가는 지혜를 알려 준
그대가 나의 기쁨이고 믿음이며
진실이었습니다

관심과 배려로
뜨거운 정을 주고받는 그대는
가슴 뛰는 그리움이고
사랑이었습니다

그대여
고맙습니다
그대 있어 행복합니다
그리고
사랑합니다.

가슴 뛰는 행복

이렇게 좋은 날
봄기운이 고개를 기웃거리며
꽁꽁 얼어붙은 몸을 파고들 때

삼동을 숨 죽여 참아 온 내게
따뜻한 햇볕으로
참을 이유가 없다면서
가슴을 뛰게 한다

사랑하는 사람
그리운 사람아
내숭 떠는 일 없이
마음 가는 대로 그냥
사는 것은 어떠리

인연으로
만나고 헤어지는데
이유를 찾을 필요도 없이
마음 가는 데로 그냥
행하면 족하리라.

소망

마음을 내려놓고
비운다는 것은
힘든 용기를
필요로 하는 일이다

더 좋은 것이 아니라
더 좋은 마음으로
살아가겠다는
다짐이고 소망이다

세상은 아름답다
아끼고 사랑하자
꿈과 희망을 품자
삶이 괴롭게 해도
웃으면서 살자.

친구는

흐르는 물이
지나치게 맑으면
물고기가 살 수 없듯
지나치게 영리하게 아는 체
하지 않아야 하리라

결함 없는 사람이
어디에 있을까마는
진실한 친구를 원한다면
믿을 수 있는 한 사람이면
족하리라

열매를
맺지 않는 꽃을 심어
가꿀 필요가 없듯
의리 없는 친구는
사귀어 무엇하나

그러나

살아 보니
늙으나 젊으나
친구는
많으면 많을수록
힘이 나고 좋은 것도 사실.

우린 친구

넘어져 힘들어할 때
손 내밀어 잡아 줄
당신이 있어 고맙습니다

혼자 가는 인생
함께라는
당신이 있어 고맙습니다

믿음과 사랑을 주는 친구
사랑할 수 있어 고맙고
희 로 애 락에 울고 웃을 수 있어
고맙습니다.

그냥 그렇게 살자

세월은
사람을 기다리지 않고
한 세상 두 번 살 수는 없듯이

지금 이 순간을 소중히
아끼고 사랑하며
고민하는 것도 좋으리라

도전하자
성공 전에 실패가 따를지라도
이별이 따를지라도

성공 성패는 하늘에 맡기고
넘어지면
도전

칠전팔기
또
일어서면 되리라.

되는 대로 살자

운은 그대의 몫
행과 불행은
그대 마음속에
자라는 것

있는 그대로
능력껏 살면 될 것을
분에 넘치는 욕심 때문에
그르치고 마는 인생

모아 가지려고
애쓰다가
한세상 다 보내고
후회는 말자

마음 비우고 내려놓으면
찾아드는 사랑과 행복
내가 조금 양보하고
좀 더 배려하고
내가 덜 챙긴 공간 속에
찾아드는 희망이 있음을
잊지를 말자
우선 베풀고
사랑하고 보자.

그리움

그리움은
꿈을 찾아 헤매는 길이다

느낄 순 없어도
생각만으로 행복한 길

그리움은
사랑을 아는
순백의 사람이다

그리움은
사랑하는 사람의 흔적을 찾아
밤낮없이 헤매는 길에
혼자 울고 웃게 한다.

인생

빈손으로 왔다가
빈손으로 간다는
한세상

바람 따라 구름 같이
사람 사는 삶이
물에 비친 뜬구름이라

맑은 영혼을 가진 자여
가슴을 활짝 열어
사랑 주고 마음 얻어

꽃피는 봄날에서
눈 내리는 겨울까지
죽도록 사랑만 하자.

사람과 사람이

사람과 사람이
어느 정도 살아 보면
마음에 드는 사람을
좋아하고 사랑하는 일이
얼마나 힘들고 어려운 줄
모르는 사람은 없으리라
그러나
어느 누구도 그것을
포기하고 외면하지 못하는 게
또 우리가 아니던가

그러면서도
꿈과 희망을 품고
슬프지만 아주 작게라도
인연으로 만들고 싶은 바람

멀리서라도 바라볼 수 있다면
포기하고 단념하는 일 없이
언제나 늘
사랑하고
그리워하는 것도 좋으리라

텅 빈 가슴에 그리움을 일구어
시를 쓰게
하 소 서.

꽃피는 봄에는

추운 겨울이 지나고
이 산 저 산 꽃으로
물들 때는
고운 인연 하나 만들고 싶다

아름다운 사연
멋진 추억
생각만 해도 가슴 뛰는 그리움

사랑은 오랜 기다림 끝에
맺어지는 꽃
고목나무에 꽃을 피워 내고 싶다

살아 숨 쉴 때
사람 향 맡으면서
느끼는 색깔만큼
사랑하고 사랑받고 싶다.

이별 연습 중

오늘도
잊지 않고
널 사랑하고 있는 건
아름다운 순간
슬픈 추억을 잊고자
애쓰는 몸부림이라
생각해

한때는
참 많이
사랑했는데
너도 그랬으면 좋겠다
행복했는데
너도 그랬으면 좋겠다

그래야
나도 널 잊고
내려놓을 수 있을 것 같아.

그리운 시절

생각나는 아름다운 순간순간
되짚어 봐도 역시나
그때 그 시절

철없던 동심만큼
기억되는 즐거움도
없더이다

그립다 생각하니
다시 그리운
동심의 세계

없어도 넉넉한 마음
주고 주어도
모자랄 것 같고

받고
받아도
모자랄 것 같은 마음

그때
그 시절만큼 기억되는
아름다운 순간도
없으리라.

봄에는

봄에는 벌 나비 춤을 추며
꽃을 찾을 때
너를 향한 내 마음
벌 나비 꽃과 같거늘
겨울 가고 봄이 오면
묵은 때 털어내고
떨리는 가슴
수줍어도
그대에게
살며시
다가 가
안기리라.

하 하 하

삶을 즐길 수 있는 여유 중에
가장 소중한 것은
책을 읽어
정보 지식을 깨달아
시 한 편을 외워
읊어 보는 것보다
더 큰 즐거움은
없으리라

오늘은
더 나은 삶
내일을 위해
시 한 편 써놓고
웃는다

하 하 하.

별이 빛나는 밤에 3

그대의 마음 밭에
나의 마음이
들리지 못하고
닿지 못한다 해도
그대를 사랑하는 마음
변하지 않고 영원하리라

그대의 마음 밭에
나의 마음을
느끼지 못하고
스쳐 간다 해도
그대를 원하는 마음
변치 않고 영원하리라

아름다운 그 입술 그 모습
풍기는 사람 향까지
곱고 향기로운데
어찌
꿈엔들
잊으리오

별이 빛나는 밤에
그대 모습 더 그리워
떨리는 가슴으로 빌겠소
그대의 마음 밭
마음 창 열어
불 밝혀 놓으소서

별이 빛나는 밤에.

제6부

그리움

뒤돌아보면서

행복을 꿈꾸다가
놓치고 마는
우리네 인생

영화 성공은
예측 불가능하여
오래가기 어렵다는데

어이 하여
건강도 챙기지 못하면서
애정에 엉겨 세월만 탓하리.

어둠이 몰고 온 고독

바람마저 불어
더욱더 쓸쓸한 밤이
길긴 왜 이렇게 길까

눈이라도 펑펑 쏟아질 것 같은
동지 긴긴 밤에 그대를 만나
그리움을 풀어 외로움을 달래고 싶다

사랑은 그리움으로
아프게 한다 해도
포기할 수 없는 너이고
사랑이란다

마음대로 조절 안 되는 그리움
슬픈 이별이 무섭게 한다 해도
사랑을 쉽게 포기 하지는 않으리라

꿈은
꿈꾸는 자의 몫
행복을 장담할 수는 없지만

너와 나의 자리에
마음 문 열릴 때에는
벌 나비 찾아들어
행복만 가득하리라.

새롭게

참 좋은 세상
새해 새 마음 새 기분으로
시기 질투도 말고
꿈과 행복을 위하여
웃고 웃으면서 사랑만 해요

산다는 것
보다 나은 삶
행복을 위해
꿈과 희망을 품고
곱고 아름답게 가꾸어 가요

혼자보다는 둘이
건강도 챙기면서
아름다운 사연
멋진 추억을 만들어
엮어 일구어 가요

큰 욕심 없이 있는 그대로
처신은 겸손하게
이상은 더 높게
용기 잃지 말고 도전하여
한 번뿐인 인생
멋지게 살다 가요.

그

왜
무엇 때문일까
이렇게 가슴이 시리고 아픈 것은
추운 겨울에 손발이 시린 것도 아닌
가슴 한쪽만

혹시
잊고자 애를 쓰고 있는
그 때문이란 말인가
부끄럽게도 차여
숨기고 싶은
그

사랑했는데
좋아했는데
행복했는데
그 런 데
지금은
마음이 시리고 아프다.

생각

나뭇잎 떨어지는 아픔을 모르고서
어찌 사랑을 논하고
행복을 논하리오

외롭다 괴롭다 하지를 마라
뼈를 깎아내는 아픔을
느껴 보았는가

아름다운 이 강산
건강한 이 몸
함부로 하지 마라

내가 내 것인가
네가 내 것인가
무엇을 아끼고 소중히
하여야 하는지를
고민하고 생각해 보았는가?

시 한 줄

깊은 밤
나 여기 홀로
그대 저 멀리

외로운 마음
글 한 줄
고독 한 오큼

쓰다 쓰다 지우고
다시 쓴
글이

아름다운 글
아주 멋진 시로
여겨질 때

나는 하나님께 기도하고
천지 신령님께
고맙다고 아뢰었습니다.

아름답게

꽃보다 아름답고 고운
너를 볼 때 마다
갖고 싶은 마음
갖지 못하는
안타까움에
나는 많이 괴로워
애를 태운단다

우리 인연 좋은 인연
별을 따다 바치는 마음으로
때 묻지 않게 소중히 할게

아름다운 사연
더, 아름답게
일구어 가꾸고 싶구나.

동행

외로운 길
가기 싫어도
가야하는
멈출 수 없는 걸음

함께한 인연
지지고 볶으면서
정이 든 우정

마지막 여정
갈 길 끝날 때까지
아름다운 사연
멋진 추억만
일구며 살고 싶다

사랑하는 이여
우리 인연
좋은 인연
아끼고 사랑하며
꿈을 엮어가요.

인연

옷깃만 스쳐도
인연이라 하듯

너와 나의 인연
우연이 필연 되어

밀고 당기면서
정이 든 우정

못 보면 보고파
애가 마르고

생각만 해도
그리운 사람.

사랑 한 줌

나만이 혼자
잠 못 이루고 있을 때
그대 먼 곳에
또 다른 삶을 일구고 있겠지

외로운 밤 어쩌라고
따뜻한 정
사랑 한 움큼
남겨 놓았는가?

창밖에 귀뚜라미 울음 들릴 때
푸른 하늘엔 별들이 반짝 반짝
외로운 사람 좀 더
쓸쓸하게 하는 것은

이름 모를 풀벌레 울음
푸른 하늘 흰 구름
그리고 밤 밤
별이 빛나 허전한 밤.

때늦은 인연

꽃이
곱다 한들
너만 할까?

꽃 중의 꽃
장미 보다
더 향기로운 그대

황혼에 저녁노을
이날 이때까지
뭘 하다가

이제야 활짝 피어
미소 짓고 손짓하면
난~
어쩌라고.

부끄럽게도

사람들은
잘되고 못되는 것을
위로하고 축하만 했지

어리석게
원인과 선악을
찾아 구분 짓지 않는다.

바보처럼
복 받기를 좋아하나
나누고 베풀기를 싫어하고
나쁜 일을 다 하면서
벌 받기를 싫어한다.

움켜쥘 줄만 알았지
쓸 줄을 모르고
남 잘되는 것을 못 보고
사촌 논사면
배 아파하는 우리네 심성.

그리워

흰 구름 두둥실에
가을을 논하고
바람 불어 쓸쓸할 때
난, 이렇게 글을 씁니다.

홀로 잠들기가
정말 힘들 때는
난, 컴 앞에 앉아
나의 작은 뜨락 블록에
머물다간 흔적에 푹 빠져
답글에 저의 마음을 담아 봅니다.

나의 사랑
나의 우정
당신을 참 많이
사랑 합니다.

꿈

가을에
기러기 구천을 날고
황금 들판 하늘은
더 높아만 갈 때

솟구치는 물가
부족한 농산물
수확의 기쁨을 느껴야 할
농심은 어떠할까?

천고마비의 계절 가을에
나에게도 하나의
소망이 있다면
그것은

무거운 짐 벗어 던지고
한 마리 새가 되어
훨훨~~
하늘을 높이 날고 싶다.

덤으로
아주 멋진 연인 하나
옆에 있으면
더 좋고

날다, 날다 힘들면
구름 위에 앉아
아름다운 세상 못 본 경치
구석구석을 살피며
가슴에 담아 간직하고 싶다.

윤회

강물은
말없이 흐르고

꽃은
피고 지고
또다시
새순이 피어나듯

나도
검은 머리
흰머리 되어
손 흔들고 구천을 떠돌다가

또다시
사람으로
태어날까.

세월

강물이 말없이 흐르듯
하루하루는 말없이
자꾸만 멀어져 간다.

여유를 갖고 생각하며
즐기고 놀 사이도 없이
하루하루는 잘도 간다.

책도 읽고 영화도 보며
사랑도 해야 하는데
시간은 기다려 주지 않고
세월은 잘도 간다.

바람 불어 외로워도
놀러 가자는 친구 하나
술 한잔 하자는 이도 없어
참~ 쓸쓸하고 허전하다.

연시

귀뚜라미 울음
자장가 삼아
밤이 새도록
연시를 쓴다.

잊은 듯
잊고 살면서도
가끔은 이렇게
그리워 되씹어 보는 추억

사랑한다.
다짐을 하고
영원히 변치 말자.
다짐을 받던
아름다운 순정

꽃잎처럼 곱고
아름답기만 하더니
꽃잎 시드니
마음도 시들어

짧은 행복 기인 그리움
세월은 흐르고 흘러도
언제나 다시 보고픈 그리움
하얀 백지 위에 춤을 춘다.

비가 오면

바람 불고 비가 오면
공치는 그리움

우맨이라는 닉네임처럼
소를 돌보며 검게 탄 두 뺨

산 까치 찾아들 때
매미 울어, 울어 에이고

고공 행진하는 물가에
눈이 큰 가축 소는
한 걸음 뒤로 물러나
큰 눈 더 크게
한숨을 쉰다.

우리 부모님

생각하면 그립고
그리우면 보고 싶어
자꾸만 눈물이 나는
아버지, 어머님

풍성한 한가위에
햇곡, 과일, 조기 반찬 차려놓고
약주 한 잔 올리며 절합니다.

이쁜 손주 며느리도
정 씨네 가족 되었다고
머리 숙여 첫인사
절 올립니다.

어느새
저도 진갑입니다.
환갑에 詩人으로 등단하고
진갑에 작가 되었습니다
행복은 눈앞에 있어도
함께할 수 없는 진실
진실이
한없이 슬프게 합니다.

행복

나는 건강을 찾고
행복하기 위해
배낭 하나 매고
높은 산을 올라본다

구슬땀을 흘리며
산을 오르고 오를 때는
몰라도

정상에 올라
무거운 짐 배낭을
내려놓고 보면
찾아드는 홀가분함

집에 돌아와
무거운 짐 풀어놓고
마시는 차 한 잔의
상쾌한 기분

조건도
이유도 없이
찾아드는 기쁨
이것이 행복이 아니고
무엇이란 말인가.

정경삼 제6시집
우맨의 이야기

인쇄일: 2016년 12월 1일
발행일: 2016년 12월 6일

지은이: 정경삼
펴낸이: 최경식
펴낸곳: 도서출판 청옥문학사
인쇄처: 세종문화사

등록번호 제10-11-05호
E-mail: kyu500@hanmail.net
전화: 051-517-6068

값 10,000원

ISBN 978-89-97805-56-3 03810

이 도서의 국립중앙도서관 출판시도서목록(cip)은 서지정보유통지원시스템 홈페이지(http://seoji.nl.go.kr)와 국가자료공동목록시스템(http://www.nl.go.kr/kolisnet)에서 이용하실 수 있습니다.(cip2016028897)